INTRODUCTION

A

L'ÉTUDE DE LA LIBERTÉ

PAR

EUGÈNE ROULLEAUX

Rédacteur en chef du journal LA VENDÉE

PRÉSIDENT DE LA SOCIÉTÉ LITTÉRAIRE, ARTISTIQUE ET ARCHÉOLOGIQUE DE LA VENDÉE

JUS SOLA VIS

FONTENAY-LE-COMTE

IMPRIMERIE VENDÉENNE

1883

INTRODUCTION
A L'ÉTUDE DE LA LIBERTÉ

...... Elle veut qu'on l'embrasse
Avec des bras rouges de sang.

Aug. BARBIER, *Iambes*.

Les mots doivent parfois un inconcevable prestige au défaut de précision des choses auxquelles ils se rapportent ; c'est ainsi que le nom seul de Liberté semble renfermer des propriétés surnaturelles. Ne dirait-on pas, à voir l'enthousiasme qu'il soulève, la force intense qu'il éveille, que la Liberté est la panacée des misères humaines ? Ne croirait-on pas voir l'hippogriffe qui doit, quand il aura pris ses ailes, ensemencer le monde, avec la rapidité de la pensée, de toutes les merveilles échappées naguère de la boîte de Pandore ? Aujourd'hui, suivant les doctrines de tous les temps, la Liberté, acclamée avec un ensemble qui est pourtant loin de constituer l'harmonie, est le criterium du Progrès, la clef de voûte de l'édifice social.

Sommes-nous donc destinés à confondre éternellement le but avec les moyens? Le génie humain, dans ses prétendus efforts de vaticination, ne tient aucun compte des espaces à parcourir; sa vision lui apparaît lumineuse et tangible, et, semblable à l'enfant qui tend vers une étoile ses mains impuissantes, il voudrait embrasser cette splendide image, qui ne se dessine sur son horizon qu'en vertu d'une sorte de réfraction divine.

Qu'est-ce donc que la Liberté, cet objectif des convoitises universelles, cette toison d'or si précieuse qu'on lui sacrifie les gloires du passé et le sang des générations? A quel trait la reconnaîtrons-nous? Est-ce cette farouche gorgone qui tapissa les propylées d'Athènes de ses arrêts de proscription, qui exila Aristide et Thémistocle, qui empoisonna, sur le fumier des cachots, les glorieuses blessures de Miltiade, qui versa la ciguë à Socrate et la honte à Pélopidas? Ou bien encore cette bacchante qui inonda le Forum et les marches du Sénat romain du sang de Catilina et des Gracques, de Caton et de César? Est-ce enfin le frénétique Procuste qui acceptait, à notre Champ-de-Mars, la lugubre confraternité de la déesse Raison, et qui promenait ses pas avinés du Comité de Salut public aux catacombes de la Conciergerie?

La Liberté contemporaine se présente, il est vrai, avec des allures moins tumultueuses, des formes plus pressantes. — Je suis, dit-elle, la Paix, la Concorde et l'Abondance. Peuples, scellez enfin cet hymen morganatique consacré entre vous et moi, depuis la sublime découverte de la démocratie, et soudain la terre deviendra cette vallée bénie où les arts et la vertu fleuriront côte à côte dans un perpétuel embrassement! — On voit bien qu'elle ne se connaît pas, cette sybille aux vaniteux oracles; ceux qui commanditent ses promesses la connaissent moins encore; aussi s'accordent-ils assez mal pour la dépeindre.

Il ne serait pas sans intérêt de passer en revue toutes les définitions qui ont été données de la Liberté. Des mots, et toujours des mots ; à peine aboutit-on, de siècle en siècle, à quelque chose de plus précis, dans le catéchisme impatient du progrès.

« La Liberté, dira l'un, est la faculté de faire tout ce qui n'est pas défendu par la loi morale. » Voilà, sans doute, une théorie bien lucide ! Nous nous créons ainsi de puérils problèmes avec des pléonasmes.

Il y a pourtant, dans cette prétendue solution, une contradiction palpable : le développement de la loi morale est la première condition de l'épanouissement normal de nos destinées. Les imperfections sociales dérivent nécessairement des vices de l'individu, chez qui la conscience du Devoir existe en sens inverse du sentiment du Droit, toujours exalté par les passions. La question d'équilibre entre ces forces contraires est purement chimérique, en dehors d'un esthétique qui se dérobe à notre vocation. La loi morale ne peut, dès lors, se développer qu'au préjudice des privilèges individuels, formulés au titre positif de la loi sociale. Par exemple, l'ivrognerie, la prostitution, la débauche, la fraude et l'exploitation usuraire, sous le nom de liberté commerciale, sont tacitement autorisées, souvent patronées et patentées par le code social ; qu'y a-t-il, pourtant, de plus odieux au point de vue de la loi morale, et comment le progrès interviendra-t-il dans le conflit, si ce n'est par une action de plus en plus restrictive ? On objectera que la diffusion des lumières, en substituant à la sanction pénale la sanction métaphysique, l'action de la conscience individuelle à celle de la justice, ou plutôt de la jurisprudence humaine, atténue de jour en jour les nécessités de la répression. C'est le contraire qui doit se produire, et ce paradoxe est démenti par la tradition, par l'histoire et par la science psychologique.

Sans entrer, en effet, dans la discussion du principe, il suffit de voir que l'idée de progrès est relative et contingente, pour reconnaître qu'un pas, quelle qu'en soit l'étendue, dans la voie du perfectionnement, ne diminue pas plus sensiblement la distance qui nous sépare de la perfection, que la numération la plus élevée dans l'ordre de nos facultés ne nous rapproche de l'infini. — « Dans la maison, les » hommes libres n'agissent pas au hasard ; la plupart de leurs actions » sont *réglées ;* les esclaves et les bêtes sont *moins gênés* dans leurs » allures, parce que leurs actes importent moins au bonheur. » Ainsi, suivant Aristote, c'est par *la gêne* que se traduit le progrès. Cette gêne de la volonté doit, d'ailleurs, se décalquer dans la loi, qui est l'évangile des prévisions tutélaires de l'ordre social, à moins d'admettre que la sagesse des hommes est liée à la déchéance des institutions ! La perfection légale n'existerait-elle pas le jour où toute faute serait prévue, tout délit équitablement réprimé par le code ? Et, si cela est, l'imprévoyance ou l'inertie ne serait-elle pas l'état le plus opposé à la perfection ; c'est-à-dire : la barbarie et le chaos ?...

Un tribun s'est écrié, à une époque où la foule, préludant bruyamment à cette fièvre de liberté qui l'excite aujourd'hui, commençait à se payer de ces formules creuses et emphatiques qui sont devenues la monnaie courante des inspirations révolutionnaires : « La Liberté, c'est le droit d'aller et de venir. » On n'a pas oublié la faveur qu'obtint ce mot. Une subtilité de langage, voilà ce qu'il faut pour éblouir les masses. La presse se mit à discuter cette formule avec une solennité naïve. Je la croyais reléguée dans les plus obscurs souvenirs de l'époque de Février. Je l'ai vue depuis exhumée avec surprise par un député de l'Empire ; d'autres encore aujourd'hui ne dédaignent pas cette puérile réminiscence.

Je ne crois pas cependant qu'il soit utile de s'arrêter à cette définition. Elle n'a d'autres titres à l'attention que d'être éclose au foyer des orages de la Révolution de 48, et elle donne assez exactement la mesure de l'inanité des sons qui transportent la multitude.

Depuis, le programme de la Liberté a pris, non pas plus de clarté et de logique, mais plus d'audace et de raideur. On sent qu'un souffle de fièvre a passé dans notre organisme. Le cerveau populaire s'est enflammé sous les excitations du bien-être sans contrepoids moral ; les convoitises se sont élargies au foyer pseudo-scientifique du progrès matériel ; la voix du peuple, ironiquement baptisé Souverain par les valets de l'ambition qui le montent, devient plus impérieuse. La période de la doctrine pure est passée. Nous voilà arrivés aux exigences de la souveraineté de pacotille, et c'est dans les termes suivants qu'elle s'exprime :

..... Nous voulons la liberté, c'est-à-dire que nous réclamons pour tout être humain le droit et le moyen de faire tout ce qu'il lui plaît, de satisfaire intégralement tous les besoins, sans autre limite que les impossibilités naturelles et les besoins de ses voisins, également respectables. Nous voulons la liberté, et nous croyons son existence incompatible avec l'existence d'un pouvoir quelconque, quelles que soient son origine et sa force, qu'il soit élu ou imposé, monarchique ou républicain, qu'il s'inspire du droit divin ou du suffrage universel. C'est que l'histoire est là pour nous apprendre que tous les gouvernements se ressemblent et se valent. Les meilleurs sont les pires. Plus de cynisme chez les uns, plus d'hypocrisie chez les autres ; au fond, toujours les mêmes procédés, toujours la même intolérance...

Le mal, en d'autres termes, ne réside pas, aux yeux des anarchistes, dans telle forme de gouvernement plutôt que dans telle autre : il est dans l'idée gouvernementale elle-même, il est dans le principe d'autorité...

Pas de liberté sans égalité ! L'égalité de fait comme corollaire, ou plutôt comme condition primordiale de la liberté.

A chacun selon ses facultés, à chacun selon ses besoins.

Voilà ce que nous voulons sincèrement, énergiquement ; voilà ce qui sera, car il n'est point de prescription qui puisse prévaloir contre des revendications à la fois légitimes et nécessaires. Voilà pourquoi l'on veut nous vouer à toutes les flétrissures..... (1).

Ici, on le voit, la contradiction est flagrante ; la chute est insensée. Il ne peut y avoir égalité dans les facultés et dans les besoins ; il ne peut donc y avoir égalité dans les droits, et la revendication d'une liberté reposant sur le principe de l'égalité est une chimère sans excuse.

Les diverses définitions d'école de la Liberté ont une valeur analogue : vides et bruyantes, tels sont leurs attributs ; ce sont les mêmes que ceux du tambour. Elles remplissent, comme lui, les airs d'appels sonores ; elles électrisent l'aveugle courage de la foule ; elles précipitent les pulsations de la grande artère populaire, jusqu'à ce que la conscience, qui résiste aux entraînements irréfléchis, découvre en ce tonnerre un simple effet de vibrations inintelligentes, que produit indifféremment la main d'un enfant ou celle d'un insensé. Il est difficile de définir la Liberté, au moins directement. Quand M. Anselme Petetin, dans une brochure qui eut quelque retentissement, disait : « La Liberté, c'est la vie », il faisait un *mot*, lui aussi, mais il commettait une hérésie contre laquelle protestent toutes les manifestations de notre existence, qui se révèle par un acte de servitude physique, se développe dans une étroite subordination intellectuelle, et accomplit son cycle à travers un réseau d'obligations sociales et philosophiques, dont le plus audacieux des génies ne peut s'affranchir que dans la forme. Faire consister la vie dans la Liberté, c'est abaisser le devoir, qui est une chaîne, au second plan des nécessités de l'organisation sociale ; c'est détruire cette organisation dans son

(1) Extraits du programme anarchique lu, au nom des accusés, dans le procès des internationalistes de Lyon.

principe éternel. La Liberté n'est pas une faculté ; c'est une aspiration qui n'a pas de caractère propre ; elle ne nous apparaît que par son antagonisme avec l'Autorité. Sentiment, dans tous les cas, frappé d'infécondité par sa nature turbulente et instable. Il n'a produit de choses mémorables que dans l'ordre de la violence et de la destruction.

Considérons la marche du génie humain : ses étapes victorieuses, les périodes de triomphe pour les œuvres de l'intelligence n'ont-elles pas été les siècles de Périclès, d'Auguste et de Louis XIV ? celui de l'administrateur de l'Attique, quand il eut courbé l'aéropage à ses pieds ; celui du vainqueur d'Antoine, lorsqu'il eut émondé le Sénat, et fait en quelque sorte du laticlave la livrée de la pourpre impériale ; celui du grand roi, lorsqu'il eut dit, en étendant sur les parlements un sceptre inflexible : L'Etat, c'est Moi !

Rien de plus juste que de flétrir le courtisan du despotisme ; mais le thuriféraire de la Liberté, dans des temps où la fange lui vomit trop d'apôtres, ne peut être qu'un venimeux énergumène ou une pitoyable dupe. Un philosophe illustre, qui « appartient du fond de l'âme à la cause de la Liberté, » mais qui, par une protestation intime de son génie contre les illusions de son cœur, l'enchaîne étroitement dans la pratique du devoir et de l'obéissance aux lois, M. Jules Simon a dit : « S'il ne s'agissait que de faire une république, comme » Platon, avec des hommes sortis de terre tout exprès, on organiserait » *peut-être* assez aisément la Liberté, mais il y a un passé, des » mœurs, des lois, qu'*on peut modifier quelquefois*, mais que le plus » souvent *on est obligé de subir*. » C'est ainsi que l'homme de bien, entraîné souvent au-delà de sa raison par de séduisantes utopies, se trouve consciencieusement amené à battre en retraite, dans l'aveu de son impuissance, devant les impossibilités pratiques de son système.

Entre le despotisme et la liberté, il y a la prévoyance et la tutelle d'une loi perfectible. Là est le progrès ; car la véritable émancipation est dans le culte de la loi morale, dont la loi sociale doit être à la fois le reflet fidèle et la sauvegarde.

Si l'on remonte à l'origine de l'idée de liberté, on trouve qu'elle est contemporaine de l'orgueil. La *désobéissance*, c'est-à-dire l'illégitime explosion du sentiment de la Liberté, tel a été le premier signal de la dégradation de notre espèce. Il faut bien le croire ; autrement, comment serait-il admissible que l'homme, surgissant, nu et débile, au milieu d'un domaine disputé par des êtres incomparablement plus puissants et féroces, ait pu échapper à la destruction, s'il n'eut été doué tout d'abord d'attributs supérieurs, dont il a été dépouillé, plus tard, pour cause d'indignité ?... A mesure que les sociétés se forment, les chaînes de la volonté se resserrent, les pactes synallagmatiques se multiplient. L'idée de la Liberté subsiste, mais à l'état hypothétique et purement abstrait, comme celle de la Perfection, du Bonheur, de la Toute-Puissance ; toutes idées adéquates, météores fugitifs qui empruntent leurs rayons au foyer intermittent de l'extase philosophique. Les groupes sociaux ne peuvent se juxtaposer que sous la garantie de liens réciproques qui consacrent la dépendance. Il y a toujours inégalité dans les éléments de l'association ; c'est-à-dire : — supériorité, infériorité ; — dévouement, protection ; — autorité, discipline. L'unisson est une chimère dans le concert humain ; l'harmonie n'est pas autre chose qu'une combinaison de sons inégaux.

Ce n'est pas en cherchant à découvrir la loi de son être que l'homme s'ingénie d'assigner la liberté comme un des moyens de sa destinée. Au contraire, à mesure que ses regards s'élèvent vers la source éternelle d'où il procède, la dilatation de son âme lui révèle de plus en plus la servilité de son enveloppe. Ne parlez pas au vrai philosophe de liberté ; il vous regardera avec stupeur, lui qui, à l'aspect de l'infini qui peuple ses méditations, habitué à se considérer comme un chétif atôme dans l'immensité des mondes, vit dans une perpétuelle négation de l'orgueil et de la personnalité. La liberté ne saurait être pour lui qu'un fardeau, en l'assujettissant à la pondération de ceux même de ses actes qui réclament une impulsion supérieure. Une sage providence n'a-t-elle pas réglé d'avance l'emploi de ses forces ? L'humilité, le dévouement, l'amour, le travail ; voilà le quadrige qui l'emporte à travers la multitude, qui lui demande l'aumône de son génie. Le Christ n'est pas un tribun ; c'est un contribuable plein de soumission, qui rend à César ce qui appartient à César.

Au milieu des clameurs qui frappent les voûtes mystiques du temple du Progrès, il est un mot souvent répété : c'est le mot de DIGNITÉ. Chaque époque a son signe ; le signe de notre époque est le travestissement du devoir, la substitution à la vertu du mannequin artistement costumé de nos vices. Les mots de *dignité* et de *point d'honneur* sont presque toujours, dans notre audacieuse logomachie, les synonymes d'orgueil inepte et de plate vanité.

La véritable dignité est dans la résistance au mal, dans la pratique indépendante du bien — indépendante du respect humain, du courant sceptique qui tourbillonne autour de nous. Ne confondons pas l'indépendance avec la liberté; par l'indépendance, nous plaçons la délibération de nos actes au-dessus de toute influence poinçonnée par la Liberté, mais sans préjudice des prescriptions de l'Autorité. Par la Liberté, nous nous affranchissons de toutes entraves; nous nous érigeons en juges souverains et infaillibles; nous marchons au hasard de notre inspiration. Nous sommes les jouets aveugles des défaillances de notre nature. L'indépendance réside dans l'exercice raisonné de notre jugement et de notre volonté; la Liberté, dans son exercice spontané, affranchi de la condition de l'examen préalable. L'indépendance est un attribut de la conviction; la Liberté, une convoitise de l'imagination. Enfin, l'indépendance est notre propriété sacrée et inviolable; elle nous vient directement de la nature; tandis que la Liberté, aliénable et corruptible, nous ne pouvons la tenir que des autres, à titre de concession toujours révocable. La dignité, qui est le sentiment du respect dû par l'homme à la noblesse de sa mission, ne saurait procéder de l'affranchissement extérieur et déréglé de sa volonté, mais d'un certain équilibre de ses facultés et de ses actes. Cet équilibre ne peut exister en dehors du frein légal, à défaut duquel rien ne garantit contre l'impétuosité des passions.

L'Autorité, contre laquelle on excite continuellement les masses, ne peut, en principe, être le mal; puisqu'elle est dans son essence l'adversaire du mal, la sentinelle vigilante du bien. Mais elle procède par tâtonnements, comme toute institution humaine; donc elle peut faillir. Ses dépositaires d'ailleurs sont essentiellement faillibles. Indiquer ce que nous croyons être l'erreur, est le droit de chacun de nous; sous les réserves que nous inspire notre propre faillibilité, et à condition que le respect du principe d'autorité demeurera intact. Nous avons le droit de conseil, d'avertissement, jamais celui de la révolte, qui est l'indice d'une estime exagérée de nous-même, ou d'une ambition qui ne recule même pas devant le crime. Si on objecte que l'autorité, ou plutôt que les agents de l'autorité sont indignes, ce qui arrive avec les Néron, les Caligula, les Domitien, les Louis XV, je répondrai que c'est là un indice certain de l'abaissement constant des mœurs publiques, de l'indignité des masses. « Les peuples, a-t-on dit avec vérité, ont le gouvernement qu'ils méritent. » On ne peut d'ailleurs admettre que le gouvernement le plus absolu, dans un monde civilisé, soit entièrement libre lui-même. Il subit, d'un côté, l'ascendant supérieur des notions préétablies de justice et de morale ; de l'autre, la pression de l'opinion publique ; cette mobile et irrationnelle puissance, que vivifie le souffle des passions populaires, lui impose parfois tyranniquement ses caprices. Ce n'est pas en haut, mais autour de vous, et le plus souvent à vos pieds, qu'il faut chercher la cause des fautes et de l'immoralité des princes : la bassesse des peuples engendre fatalement le despotisme. Le vice prend sa source dans les bas fonds sociaux ; et, de là, rampe jusqu'au sommet ; mais, arrivé au faîte, il ne redescend plus. Le pouvoir devient alors le miroir où les masses contemplent et prennent en horreur leur propre dégradation ; elles puisent alors dans le spectacle de leur abaissement une soif trompeuse de liberté, qui n'est que le besoin d'une palingénésie, et qui se répercute en grandissant, d'échos en échos, dans les générations suivantes. Nous vivons au milieu de ces soulèvements, qui sont plutôt des remords du passé que des aspirations vers l'avenir. Quant au génie qui sent la vocation de l'apostolat, sa mission ne réside pas dans les stériles appétences de l'orgueil ; l'efficacité de son enseignement est plutôt dans l'aveu de sa faiblesse, qui rehausse aux yeux du vulgaire, sans paralyser de légitimes efforts de réhabilitation, la splendeur de cet amphithéâtre au pied duquel il doit seconder en paix l'œuvre des temps, sous l'égide d'une hiérarchie rationnellement constituée et respectée.

L'antique complot de la Liberté a aujourd'hui étendu ses revendications ; la presse européenne, la presse universelle, pour ainsi dire, s'est faite la complice et le hérault de ses impérieuses revendications. C'est par la Liberté que l'on espère arriver au progrès démocratique, et l'on veut faire du peuple un savant docteur avant qu'il sache lire. Mais ce qu'il y a de plus étrange dans la doctrine dite libérale, et ce qui en démontre l'inconsistance, ce sont ses perpétuelles contradictions. Pour n'en citer qu'un exemple assez concluant, voyez l'instruction obligatoire ; c'est-à-dire la violation flagrante du droit de la famille au bénéfice du soi-disant droit social. C'est le premier acte de ce programme qui débute par l'emphatique promulgation de la liberté. Liberté absolue dans les mots, assujettissement étroit dans les faits : Voilà l'inconséquente devise de la démocratie !

Qu'est-ce, d'ailleurs, que ce mot suranné de : *démocratie*, qui usurpe brutalement l'empire des aspirations modernes, et à qui l'autorité a concédé, dans un faux intérêt, avec une coupable faiblesse, une place peu justifiée dans le langage officiel ? Démocratie signifie : gouvernement par le peuple ; c'est-à-dire puissance de l'ignorance et de l'impéritie. Car le peuple n'est pas la collection de tous les êtres sociaux ; sans quoi le terme juste serait : *Pancratie*. Le peuple est cette portion tour à tour inerte ou bouillonnante de la nation, qui s'aigrit dans le désespoir de ses souffrances et de son infériorité, qui agit par saccades et par inintelligentes convictions, mais à qui on ne pourrait attribuer ou prêter la sagesse intuitive, sans renverser du même coup toute la théorie du progrès et du perfectionnement. Admettra-t-on, en effet, le peuple aux conseils de la science ? Donnera-t-on à celui qui ne sait pas lire une voix à l'Institut ou dans les délibérations du Conseil d'Etat? Non, sans doute. Comment alors, quand tous les efforts combinés de la sagesse et de la raison politiques n'obtiennent que des résultats imparfaits, attribuer au peuple une suprématie qui n'offrirait même pas la plus élémentaire de ces garanties dans le gouvernement des destinées universelles? Le peuple ne raisonne pas; il se laisse entraîner. Il veut jouir; mais il ne se préoccupe pas de se rendre digne de l'objet de ses convoitises et de ses jouissances. Moins son ambition est légitime, plus ses sentiments sont violents. L'idée de la destruction l'exalte comme la fumée de la poudre et du carnage énivre les armées. La destruction seule lui permet de manifester l'unique supériorité qui le flatte, celle de la force matérielle, et voilà pourquoi nous le voyons suivre aveuglément ceux qui exploitent son impatience et sa violence naturelle, en lui montrant le bonheur et la liberté aux sinistres lueurs des révolutions et du régicide. Il n'y a pas pour le peuple deux manières d'interpréter l'histoire : Marat et Camille Desmoulins sont des héros; Barnave et Mirabeau sont des traîtres.... Et de notre temps, quels héros et quels traîtres!

L'origine de la Liberté se retrouve à l'origine même de toutes les vérités qui règlent notre destinée. Au-dessus des sociétés patriarcales, nous trouvons la tutelle du père *(auctor)*, d'où autorité. Les enfants *(liberi)* se groupent autour de lui avec voix délibérative. C'est le contrôle affectueux et respectueux de la famille. Au-dessous des enfants, nous trouvons les serviteurs, les gens de la maison *(domestici)*, qui sont aussi de la famille, mais que leurs lumières inférieures ne permettent pas d'admettre au conseil. Ils sont heureux de cette tutelle qui leur donne la sécurité, jusqu'à ce qu'ils deviennent à leur tour affranchis (*libertini*), par des services rendus et le développement de leurs droits.

Dans l'antiquité, on distinguait entre le Sénat, les Chevaliers et le Peuple. Cette échelle est marquée, dans tous les temps, par le classement naturel et par l'inégal développement des mérites. « Dans » toutes nations, dit Tacite, c'est le Peuple ou les Nobles, ou un seul » qui gouverne : *une forme de gouvernement qui se composerait à la » fois des trois ordres est une dérision.* » Et, en effet, introduire dans le principe d'autorité l'hypothèse d'une égalité intellectuelle et morale, qui confondrait toutes les aptitudes, est un contre-sens réprouvé par la loi éternelle de la création. Ni Platon, ni J.-J. Rousseau n'ont poussé jusqu'à cette conclusion absolue leurs utopies les plus audacieuses. Le suffrage universel, prématurément introduit dans nos mœurs politiques, a pour effet de consacrer cette doctrine de confusion, si le gouvernement a l'imprudence d'abdiquer ses droits et ses devoirs de le guider, droits et devoirs qui sont, après tout, une affirmation évidente assez précise des dangers de la Liberté. Dès lors, si l'on admet que l'égarement moral, né des perturbations politiques, ait pu faire éclore au sein de la Rome corrompue des Marius et des Sylla des aspirations vers l'état démocratique, c'est-à-dire l'indécision des esprits et la négation des principes d'autorité, il semble plus difficile de comprendre que le pouvoir, assis dans une légalité puissante, et puisant de nouvelles forces dans les besoins de stabilité, laisse se propager des tendances qui leurrent les multitudes, et qui entretiennent des ambitions irritantes et le mouvement tumultueux des passions populaires. Ne vaudrait-il pas mieux démontrer aux foules l'ingratitude de leurs colères, qui sacrifient des institutions rationnelles et éprouvées à d'injustes impatiences, et qui s'en prennent aux choses, et aux mots qui les expriment, de la faute des hommes ? Elles apprendraient ainsi que le mot suprême des destinées politiques se retrouve dans l'archétype des institutions sociales. En un mot : l'ARISTOCRATIE, c'est-à-dire : le pouvoir du MEILLEUR ou des MEILLEURS (et non, bien entendu, l'aveugle privilège de naissance), est le système le plus élevé qui puisse résoudre le problème éternellement limité de la perfectibilité sociale. Dans cette condition harmonique et normale, le peuple, au lieu de s'égarer vers les rêves chimériques de la Liberté, pourrait s'exercer avec calme à l'épanouissement intellectuel et à la vertu, qui trouverait de jour en jour une sanction plus équitable dans la répartition impartiale et éclairée des faveurs dont la société dispose.

Le foyer vestalien des doctrines dites libérales est dans un féroce et implacable égoïsme. Ce n'est pas seulement Proudhon qui a trouvé la formule ; le point de départ de tous les systèmes est l'*isolation.* Ils asseoient le MOI sur un gigantesque piédestal, d'où tout intérêt externe se rapetisse et disparaît par l'éloignement. Tout ce qui n'est pas *moi* est contre *moi*, dit — ou sous-entend — cette étrange philosophie. Mais cette théorie n'est pas dans la nature, quoi qu'en dise aujourd'hui Renan, dans une nouvelle profession de foi qu'enregistre la *Revue des Deux-Mondes*, comme un nouveau et éclatant témoignage des variations de l'esprit humain.

Le trop poétique orateur de Notre-Dame (1) avait concédé, dans des

(1) L'ex-Père Hyacinthe, aujourd'hui citoyen Loyson.

conférences qui ont eu pour sa gloire et sa raison un trop funeste éclat, la préexistence à la notion religieuse de cet antagonisme des intérêts, qui n'est que la résultante sophistique des déviations du génie humain. Non ; la religion de l'amour et du dévouement n'est pas ainsi en contradiction avec les lois naturelles ; elle en est l'auxiliaire et la régulatrice ; mais le premier mouvement du cœur de l'homme a été, par la loi intime de sa création, l'imprescriptible révélateur de son autorité.

La doctrine libérale colore ses arrêts tyranniques d'un reflet d'équité par cette annexe à sa morale : la liberté individuelle se limite naturellement à la liberté d'autrui. Singulière liberté ! Quel système que celui qui renferme l'individu dans ce cercle de Popilius, dont il ne peut sortir qu'en tâtonnant à travers les caprices de son voisin ! Voilà donc le terme de cette mystérieuse question ! la Liberté repose sur une négation ; le devoir se résume par un déni de solidarité. S'il prenait fantaisie à mon frère de commettre un acte coupable, mais qui ne gêne pas la liberté d'autrui, voilà mon intervention paralysée. Je suis arrêté par une infranchissable muraille de principes ! On m'objecte que la loi naturelle domine la loi sociale, dont elle est le régulateur. Mais la Liberté m'assure avant tout contre toute interprétation imposée de cette loi naturelle, et mon premier droit est de différer des autres dans son appréciation. Si la loi morale ne se traduit pas dans un évangile social uniforme, nous restons livrés à tous les écarts de notre fantaisie. Liberté implique diversité ; diversité dans la pratique du devoir, en politique comme en morale ; diversité, dans la pratique, est donc synonyme d'anarchie.

N'est-ce pas aujourd'hui le spectacle qui s'offre de tous côtés à nos regards dans la sphère intellectuelle et philosophique ? Aucune époque a-t-elle été plus féconde que la nôtre, je ne dirai pas en systèmes —

la fièvre des esprits ne laisse plus le temps d'en formuler — mais en opinions extrêmes? Qu'y avons-nous gagné? Du trouble dans les consciences généreuses, l'éboulement des convictions qui tiennent lieu de lumières dans les périodes de transition, une profonde altération du respect de l'autorité, et du doute et des hésitations dans les actes des gouvernements, moins sûrs de leur point d'appui, ou imbus des oscillations maladives de l'esprit public. La Liberté! C'est au nom de cette Liberté honnête dont j'use aujourd'hui, dont je sens pourtant la possession précaire sous ce régime oppressif, que je proteste contre ces revendications illégitimes et intempestives de ces libertés que les républicains, dans la sincérité de leur foi politique, conviennent eux-mêmes être le pire des dangers sociaux.

Je me suis efforcé d'établir à grands traits que la Liberté, telle qu'elle ressort des aspirations modernes, n'est compatible ni avec les conditions de notre ère sociale, — ni avec le développement régulier du progrès, que toute secousse violente paralyse, par le déplacement des aptitudes et de l'activité humaine, ni avec les nécessités gouvernementales. Si j'ai atteint mon but, il sera très facile de descendre du principe abstrait à une application d'actualité qui préoccupe aujourd'hui justement tous les esprits, je veux parler de la Liberté de la Presse. Dans des méditations puisées dans un sentiment exagéré de sa puissance, Napoléon III ne se détachait pas assez des sommets sociaux du haut desquels les lumières de la raison et de l'intelligence prêtent aux masses populaires des reflets souvent trompeurs. Il en a été ainsi de tous les souverains qui, avant lui, s'étaient confiés à la force du droit, sans écouter les sinistres bruits du volcan social bouillonnant au fond des abîmes populaires. Sa lettre du 19 janvier 1867 fut le témoignage d'une confiance téméraire. Désarmer le pouvoir, quand il n'a pas assez de sa vigilance pour réfréner les excès de la pensée, qui propagent l'esprit de désordre, et développent dans la nation les germes de la désunion et de la haine, n'est-ce pas trop compter sur la puissance de la raison, dans un pays dont l'éducation politique est à peine ébauchée? Sans doute, la loi ne cesse pas de veiller; mais la loi, en dehors de l'action gouvernementale, c'est-à-dire séparée de ses inspirateurs directs, mieux aptes à juger les questions si graves d'opportunité, est, dans tous les cas, sinon enchaînée, au moins trop souvent gênée par des injonctions abusives, — surtout dans les temps où nous vivons, sous la tyrannie du pouvoir républicain, — de l'esprit de passion, des triomphantes aberrations du sectaire ambitieux ou vindicatif. Telles sont les préoccupations partagées dans ces moments troublés par un grand nombre d'hommes honnêtes, dégagés de toute pensée personnelle, mais qui tremblent pour leur patrie du danger des divisions intérieures et des appels à l'insurrection, « le plus saint des devoirs, » par les apôtres de la Liberté.

La Presse n'est pas l'organe de l'opinion; elle n'en est pas même l'écho; elle en est le tyran. De ce conflit d'opinions extrêmes qui se heurtent sous nos yeux avec une violence croissante, ne naîtra jamais, pour le peuple, la lumière dans le chaos, si toutes ne convergent pas, sous l'impulsion d'une main exempte de faiblesses, vers cet axe plus indispensable que jamais à l'équilibre des sociétés : le respect de l'autorité.

C'est trop, sans doute; je ne veux pas pourtant terminer sans invoquer l'appui d'un témoignage qui n'est pas suspect, car il émane d'un homme qui a consacré son intelligence et ses forces au culte de l'affranchissement politique des peuples, entièrement séparable des utopies libérales. « Il n'existe pas, dit César Vimercati, dans son » *Histoire de l'Italie*, d'Etat plus stationnaire et plus funeste à la

» Liberté que celui d'un peuple libre sans aucun frein. Toutes les » sources de richesses sont épuisées tout à coup, et la nation, livrée » à elle-même, sans direction, périclite chaque jour, et marche d'heure » en heure à sa ruine... A côté d'une telle Liberté, le despotisme » paraît une ancre de salut. Aussi l'histoire nous montre-t-elle, en » pareil cas, les nations les plus florissantes passant sans transition » de la Liberté la plus absolue aux dictatures les plus arbitraires. »

En un mot, sauf l'hypothèse aujourd'hui inadmissible d'une dictature qui ne résisterait pas un seul instant à la force d'expansion du progrès intellectuel, les honnêtes gens ont — les heures de désordre moral comme celles où nous vivons exceptées — assez de liberté; les malhonnêtes gens toujours trop, et c'est à des gens plus fidèles, plus éclairés, plus intelligents des heures du passé, que le peuple français doit confier le soin de moraliser la France.

C'est pour cela que nous voulons la Monarchie, c'est-à-dire la stabilité, le respect de l'autorité, et la seule garantie du respect du travail et des intérêts de la véritable démocratie.

La liberté, nous n'en voulons qu'une : celle de remplir nos devoirs, — mais tous nos devoirs. C'est celle que réclame l'Eglise, par la bouche de saint Thomas-d'Aquin et de ses Pères ; c'est la seule qui soit légitime, c'est la seule qui soit féconde, et c'est la seule qui soit inscrite dans le Code des civilisations humaines, par la main du Dieu qui les engendre et qui les gouverne.

EUGÈNE ROULLEAUX.

1428. — Fontenay, Imprimerie Vendéenne.

www.ingramcontent.com/pod-product-compliance
Ingram Content Group UK Ltd.
Pitfield, Milton Keynes, MK11 3LW, UK
UKHW020230200726
13856UKWH00004B/1691